СБАЛАНСИРОВАННАЯ СИСТЕМА ПОКАЗАТЕЛЕЙ

Превратите ваши данные в дорожную карту успеха

СБАЛАНСИРОВАННАЯ СИСТЕМА ПОКАЗАТЕЛЕЙ

Превратите ваши данные в дорожную карту успеха

написанный Alice Sanna
в переводе Nastia Abramov

СБАЛАНСИРОВАННАЯ СИСТЕМА ПОКАЗАТЕЛЕЙ

КЛЮЧЕВАЯ ИНФОРМАЦИЯ

- **Название:** сбалансированная система показателей (BSC)

- **Применение:** Сбалансированная система показателей связывает долгосрочные цели организации с ее повседневной деятельностью. Это инструмент стратегического мышления, который может быть адаптирован к общему подходу организации.

- **Почему она успешна?** Сбалансированная система показателей дает руководителям, сотрудникам и акционерам комплексное представление о компании, основанное на финансовых и нефинансовых аспектах. Сбалансированная система показателей проясняет краткосрочные и долгосрочные цели и стратегии компании. Она также обеспечивает согласованность между повседневной деятельностью и общим видением компании.

- **Ключевые слова:**

  - <u>Индикатор</u>: качественная или количественная информация, которая объясняет изменение переменной (экономической, финансовой и т.д.) за определенное время.

- ‣ <u>Показатель средств</u> рассчитывает ресурсы, которые были или будут необходимы для достижения цели.

- ‣ <u>Показатель эффективности</u> измеряет результаты деятельности компании.

- ○ <u>Производительность</u>: способность компании выполнять свои задачи, используя соответствующие ресурсы при меньших затратах.

- ○ <u>Переменный</u>: элемент, который может принимать различные значения в зависимости от группы/окружения, в котором он развивается.

ВВЕДЕНИЕ

История и контекст

До 1990-х годов предприятия уже имели доступ к бюджетным и финансовым структурам. Однако они часто разрабатывались торговыми обществами и промышленными компаниями, часто основывались на старой, статичной информации и не учитывали операционные показатели, клиентов и людей. Дэвид П. Нортон (родился в 1941 году), соучредитель общества по разработке ИТ-стратегий Nolan, Norton & Company, и Роберт С. Каплан (родился в 1940 году), профессор Гарвардской школы бизнеса, разработали сбалансированную систему показателей (BSC) для решения этой проблемы. Этот инструмент объединяет стратегию и управление и был официально создан в 1992 году благодаря статье двух американских экономистов, опубликованной в журнале Harvard Business Review, "Сбалансированная система показателей: Measures That Drive Performance".

BSC представляет собой сводку выводов, сделанных в результате исследования (которое длилось 12 месяцев и проводилось во многих различных компаниях), посвященного ресурсам, доступным менеджерам для оценки будущей эффективности бизнеса. Проект Нортона и Каплана был создан в связи с очевидными различиями между традиционными методами измерения эффективности (основанными только на финансовых показателях) и потребностями современного бизнеса.

Определение модели

BSC – это табло, которое дает полное представление о краткосрочных и долгосрочных целях и стратегиях предприятия на основе ряда показателей эффективности. Эти показатели оценивают и измеряют проекты и цели компании. Наиболее инновационный элемент этого инструмента управления заключается в его анализе, который основан на четырех ключевых областях:

- **Финансовая перспектива**. Каковы ожидания акционеров компании?

- **Перспектива людей,** включая клиентов, партнеров и акционеров. Для достижения своих целей, как должен восприниматься бизнес?

- **Внутренние бизнес-процессы**. Какие бизнес-процессы должны быть внедрены, чтобы бизнес был успешным?

- **Обучение, рост и инновации**. Как компания может поддержать свой потенциал для изменений и инноваций?

 ## ХОРОШО ЗНАТЬ

Сбалансированная система показателей вдохновлена табло, используемыми на бейсбольных и баскетбольных матчах. При применении она выдает результаты в соответствии с различными комбинациями переменных. Ретроспективный общий анализ также необходим для оценки точности системы показателей.

ТЕОРИЯ, ЛЕЖАЩАЯ В ОСНОВЕ КОНЦЕПЦИИ

В начале 1980-х годов наше общество стало основываться не на промышленности, а на информации. С этого момента предприятия должны были занять свое место на рынке, который становился все более глобализированным и где удовлетворение потребностей клиентов являлось огромным конкурентным преимуществом. Это полностью изменило методы ведения бизнеса.

Следовательно, стало трудно полагаться на систему управления, которая основывалась только на финансово-экономических показателях оценки. Используемые ранее бюджетные рамки были недостаточны, так как игнорировалось множество перспектив: коммерческие цели, производственные цели и человеческие ресурсы.

Каплан и Нортон предложили автоматический инструмент управления, который объединил все основные перспективы. Каждая из этих перспектив имеет свои собственные цели и показатели эффективности. Эти показатели выделяют критические точки, когда бизнес должен вмешаться, чтобы предвидеть спад. BSC создала стабильность, которая позволила интегрировать и сбалансировать эти различные показатели.

В своей публикации *"Сбалансированная система показателей"* (1998) два экономиста связывают подход BSC с системой управления полетом. В своем примере они приводят катастрофический сценарий: управляя самолетом, пилот концентрируется только на скорости ветра и не обращает внимания на уровень топлива и высоту полета. Пилот оправдывает свой полет, объясняя, что он не может сосредоточиться на всем сразу, но это не успокаивает никого из пассажиров.

То же самое касается и компаний: они не могут пренебрегать некоторыми переменными своего управления, если хотят определить и контролировать общую концепцию своей организации. Жизненно важно, как и в случае с самолетом, иметь в наличии несколько инструментов, чтобы четко определить цель и пути ее достижения.

Метод BSC — это не просто простой инструмент для измерения эффективности. Наиболее динамичным аспектом BSC является включение четырех ключевых областей для анализа и взаимосвязь между настоящим и будущим видением компании. Все перспективы связаны между собой отношениями между причиной и следствием, иногда называемыми "цепью причинно-следственных связей", которые определяют конечные результаты и объясняют различия между фактическими результатами и первоначальными целями. Сбалансированная система показателей используется как система долгосрочного стратегического управления.

Создатели этой системы выделяют четыре области взаимозависимых показателей, которые, по их мнению, влияют на эффективность бизнеса:

- **Экономическая перспектива.** Как это воспринимается нашими заинтересованными сторонами?

- **Перспектива клиента**. Удовлетворены ли клиенты?

- **Внутренние бизнес-процессы**. В какой области компания преуспевает внутри компании? Каковы ее сильные стороны? Какие бизнес-процессы необходимо внедрить для достижения амбиций компании?

- **Обучение, рост и инновации**. Что компания внедрила для поддержки и развития своего потенциала для адаптации, инноваций и роста?

Каждая перспектива включает в себя показатели:

- метод расчета ресурсов, необходимых для достижения цели;

- результаты, оценивающие работу самой компании.

ФИНАНСОВАЯ ПЕРСПЕКТИВА

Эта точка зрения основана на предположении, что долгосрочной целью бизнеса всегда является максимизация прибыли для акционеров. Для этого бизнес должен использовать различные стратегии, направленные на рост доходов и производительности.

В большинстве случаев финансовые цели включают:

- рост доходов (денежный поток, ликвидность, генерируемая деловой активностью, оборот и т.д.)

- повышение производительности и рентабельности

- сокращение расходов

- эффективное использование активов

- оптимизированное управление рисками и т.д.

Конечно, финансовые цели предприятий значительно различаются в зависимости от стадии их развития (рост, развитие и зрелость) и стратегических целей (увеличение доходов и доли рынка продукта, сокращение затрат и/или повышение производительности, лучшее использование активов бизнеса и лучшая окупаемость инвестиций).

ВЗГЛЯД СО СТОРОНЫ КЛИЕНТА

Такая перспектива дает руководителям комплексное представление о различных видах деятельности, а также о потребительских и партнерских сегментах, характерных для каждого вида деятельности. Они могут измерить потребительскую оценку продукции и эффективность коммерческих процедур, направленных на удовлетворение потребностей клиента.

Предприятие адаптирует свою стратегию и предпринимает шаги, которые, по его мнению, необходимы для того, чтобы стать компанией "top-of-mind" (лидером на рынке по мнению целевого потребителя): уделяя внимание не только цене и качеству, но и продукту или услуге.

Общими показателями результатов и средств являются:

- доли рынка

- лояльность клиентов

- количество новых клиентов

- уровень удовлетворенности клиентов

- рентабельность сегмента

- доходы клиентов

- количество жалоб и т.д.

В идеале, бизнес должен определить свои показатели эффективности и цели в каждой из областей, в которых он работает. Тем не менее, большинство этих показателей – это показатели post-hoc (определяются после). Чтобы исправить это, менеджеры должны сосредоточиться на создании уникального ценностного предложения, которое зависит от трех переменных:

- атрибуты продукта или услуги

- отношения с клиентом

- имидж и репутация бизнеса.

Исходя из этого, менеджеры всегда должны стремиться к разработке превосходного ценностного предложения для своих целевых клиентов.

ВНУТРЕННИЕ БИЗНЕС-ПРОЦЕССЫ

Эта перспектива дает руководителю представление о внутренней работе предприятия. Он определяет внутренние процессы, которые генерируют удовлетворенность клиентов (прямо или косвенно), а также ключевые навыки и области, в которых компания преуспевает.

Каждый вид деятельности соответствует цепочке создания ценности, с помощью которой ценность создается и доставляется потребителю. Учет бизнес-процессов гарантирует, что менеджер организует их последовательно, с учетом бизнес-целей и ожиданий клиентов.

В большинстве предприятий цепочка создания стоимости состоит из:

- **операционные процессы,** которые фокусируются на эффективности текущих процессов (эффективность, время, затраты и т.д.);

- **инновационные процессы,** которые оказывают значительное влияние на способность организации к инновациям: они сосредоточены на будущих потребностях клиента и на том, как создать уникальные ценностные предложения;

- **процессы доставки и распределения,** которые сосредоточены на том, как потребители вступают в контакт с бизнесом; обеспечение того, чтобы их опыт был как можно лучше.

Эта перспектива системы показателей учитывает эффективность бизнес-процессов в компании, делая их согласованными с текущими и будущими ожиданиями клиентов. В ней определены показатели, связанные с инновационными процессами, бизнес-процедурами и процессом доставки и распределения.

ОБУЧЕНИЕ, РОСТ И ИННОВАЦИИ

Эта перспектива важна, поскольку она рассматривает среду, необходимую для надлежащего развития трех других перспектив. Она предполагает, что способность компании достичь своих финансовых целей, целей, связанных с клиентами, и целей, связанных с процессами, напрямую зависит от ее способности к инновациям, применению новых навыков и росту.

Показатели, используемые для этой перспективы, в основном относятся к трем широким категориям:

- **Персонал.** Компетенции сотрудников компании напрямую влияют на ее эффективность. Они должны максимально соответствовать потребностям компании (текущим и будущим). Наиболее часто используемые показатели касаются удовлетворенности персонала, потребности в обучении, уровня текучести кадров и т.д.

- **Информационные системы.** Способность компании использовать подходящие информационные технологии имеет решающее значение. Важно проанализировать соответствие между потребностями бизнеса и его технологическими показателями и процессами.

- **Организационная согласованность.** Адекватность процесса принятия решений ожиданиям и потребностям клиентов имеет первостепенное значение для работы хорошо обученного персонала. Сотрудники также должны быть движущей силой компании и находиться в центре принятия решений. Важно создать сплоченную среду, которая позволит сотрудникам сохранить свободу действий и автономию в принятии решений.

Сбалансированная система показателей обеспечивает планирование и осуществление необходимых инвестиций в технологии, людей и процессы. Наличие показателей, предоставляющих информацию об этом аспекте бизнеса, очень важно, поскольку будущий рост компании напрямую зависит от ее способности к инновациям, адаптации и генерированию возможностей.

ПРЕДЕЛЫ МОДЕЛИ

Хотя сбалансированная система показателей была представлена как инструмент для управления и контроля эффективного и результативного бизнеса, некоторые научные эксперты в области системной динамики высказывают свои сомнения. Хенк Аккерманс и Ким ван Ооршот (голландские специалисты) и Барри Ричмонд (американский нейропсихолог, 1947-2002) ставят под сомнение обоснованность модели. Ограничения BSC можно свести к трем пунктам:

- **Некоторые заинтересованные стороны игнорируются**. Система показателей не учитывает все заинтересованные стороны компании. Это не просто неудача модели, а проблема внедрения. Те, кто внедряет сбалансированную систему показателей, часто ограничиваются ее применением в качестве "чудесного решения". Поскольку модель фокусируется в основном на акционерах и клиентах, менеджеры могут пренебречь заинтересованными сторонами компании, такими как поставщики. Поэтому при подготовке сбалансированной системы показателей каждой компании следует учитывать свои особенности.

- **Несуществующая цепь причинно-следственных связей**. Одно из предположений, сделанных в модели Сбалансированной системы показателей, заключается в том, что существует причинно-следственная связь. Некоторые специалисты, такие как Барри Ричмонд, критикуют простоту, с которой устанавливается причинно-следственная связь. Они также утверждают, что модель статична и не учитывает будущие планы компании.

- **Неинтегрированная внешняя среда**. Хотя BSC включает в себя некоторые внешние переменные, этого недостаточно. На практике интегрированные показатели в основном относятся только к внутренним элементам бизнеса, совершенно недооценивая влияние среды, в которой он развивается.

ПРИЛОЖЕНИЕ

СОВЕТЫ

В своем бестселлере *"Сбалансированная система показателей"* (1996) Нортон и Каплан предлагают четырехэтапный план систематического развития. Этот план служит основой для внедрения BSC, но следует помнить, что каждый бизнес уникален, и метод должен быть адаптирован для разных систем.

Шаг первый – преобразование стратегии в стратегические цели

Выберите операционное подразделение (т.е. конкретный отдел компании), которое станет основой для разработки Сбалансированной системы показателей. Чтобы сформулировать последовательную, автономную стратегию, целесообразно определить затронутое подразделение, рассмотрев всю цепочку процессов, включая инновации, производство, маркетинг, продажи и обслуживание. В целом, бизнес-единица, имеющая стратегию достижения своих целей, является приемлемым кандидатом для Сбалансированной системы показателей.

После выбора операционного подразделения его руководители должны определить основную информацию в своем отделе, которая объединит цели и меры, принятые компанией и для компании. В частности, им необходимо установить финансовые цели (в основном рост и прибыльность), ценности и перспективы компании (экология и безопасность персонала, инновации и конкурентоспособность) и, наконец, взаимоотношения между различными заинтересованными сторонами (клиентами, поставщиками, сотрудниками и т.д.).

Шаг второй – Сообщение целей и связей между показателями и стратегическими целями

Второй этап разделен на три фазы. На первом этапе руководителям операционных подразделений представляется проект BSC, чтобы вызвать обсуждение. Это время размышлений и конструктивного обмена мнениями между менеджерами и "архитектором" (человеком, осуществляющим пилотирование BSC) приводит к лучшему пониманию того, что обе стороны считают важным.

После сбора этой информации менеджеры должны пройти этап синтеза, чтобы составить список потенциальных целей проекта. На этом этапе уже важно проанализировать причинно-следственные связи между различными бизнес-целями.

Заключительный этап – создание первоначального консенсуса для Сбалансированной системы показателей. Каждая цель обсуждается отдельно исполнительным комитетом для определения трех или четырех основных целей (экономические/финансовые, клиентские, внутренние процессы и обучение/инновации) и подробного описания возможных мер для каждой цели. На этом этапе, если проект и стратегия эффективны, возникает только один вопрос:

каковы могут быть потенциальные результаты для акционеров, клиентов, внутренних процессов и роста компании? Другими словами, как мы можем определить причину и следствие каждой стратегии/деятельности в соответствии с различными стратегическими целями?

Третий этап – планирование, определение целей и постановка стратегических задач

Руководители распределяют резюме, подготовленное на предыдущем этапе, между каждой из подгрупп, чтобы переработать некоторые формулировки целей, сравнить идеи, определить источники информации (и доступ к ним), необходимые для реализации предложенных мер и прогнозирования их воздействия.

Затем "архитектор" проекта вместе со своей командой выбирает показатели BSC, которые лучше всего соответствуют стратегическим целям, выделяя по одному на каждую стратегию. Однако некоторые показатели – выручка, продажи и т.д. – являются общими для всех BSC. Эта работа включает в себя:

- подробный перечень целей в соответствии с подгруппами и сектором, за который они отвечают;

- представление средств количественной оценки каждой меры;

- график, показывающий связь между мерами и/или целями в зависимости от различных секторов.

Исполнительный комитет собирается во второй раз со всеми членами руководства, непосредственными сотрудниками и посредниками. Целью этого заседания является повторный анализ проекта, стратегических направлений и целей компании и мер, предложенных для BSC (на этот раз с большим количеством участников, особенно в крупной компании). На основе этих обсуждений и анализа пишется информационная брошюра, чтобы донести новые цели и содержание Сбалансированной системы показателей до всех сотрудников. Основная проблема заключается в том, чтобы побудить сотрудников ставить амбициозные цели для каждого предложенного показателя.

Шаг четвертый – Поощрение обратной связи и адаптация процессов

На этом этапе проект BSC готов, одобрен и понятен всей компании. Теперь необходим план реализации мероприятий для достижения целей, определенных на первых двух заседаниях исполнительного комитета. Не следует забывать о связи между мерами и базами данных, чтобы все уровни компании были в курсе процесса и могли думать о возможном расширении первоначальных мер. Важно адаптировать внедренные показатели и меры на основе полученной обратной связи, чтобы сделать BSC эффективной и функциональной.

На третьем, заключительном заседании исполнительного комитета утверждается окончательный проект, его цели и мероприятия. Здесь же выбираются первые меры и инициативы, необходимые для достижения целей. В конце заседания комитет также сообщает сотрудникам об окончательной программе и о том, как она будет интегрирована в систему управления компании. Этот шаг завершает процесс и делает BSC эффективной. Она интегрируется в систему управления, чтобы менеджеры могли сосредоточиться на приоритетах, определенных BSC.

Заключение

В данном описании показана поэтапная разработка сбалансированной системы показателей. Очевидно, что этот метод варьируется в зависимости от типа и, в частности, размера предприятия или организации, желающей внедрить эту модель. Аналогично, сроки реализации мероприятий различаются в зависимости от организации, требований участников совещаний по принятию решений и любых препятствий: перспектива людей (мотивация, навыки и адаптируемость персонала, консенсус среди членов и т.д.), надежность или показатели и время, необходимое для сбора информации.

В целом, Нортон и Каплан советуют, что составление BSC занимает 16 недель. Этот срок позволяет членам управленческой команды подумать – при каждом удобном случае, поскольку они не посвящают этому проекту все свое время – о структурном развитии проекта, стратегии и информационной системе, а также о влиянии на процессы управления.

ТЕМАТИЧЕСКОЕ ИССЛЕДОВАНИЕ – МИКРОСТАРТ

Контекст

В данном примере анализируется бизнес microStart, который является некоммерческой организацией. В данном примере внедрение сбалансированной системы показателей в "МикроСтарт" включает в себя адаптацию финансовой перспективы.

👁 КОМПАНИЯ

МикроСтарт" является активной организацией в области микрофинансирования с 2010 года. Компания помогает людям, исключенным из традиционной банковской системы, стать самозанятыми. microStart был вдохновлен огромным успехом банка Grameen, который был основан в 1976 году Мухаммедом Юнусом (бангладешский экономист, родился в 1940 году), получившим в 2006 году Нобелевскую премию мира. Модель Grameen Bank была адаптирована в Европе в конце 1980-х годов Марией Новак (экономист, специализирующийся на микрокредитовании, родилась в 1935 году), которая в 1989 году создала во Франции Ассоциацию за право на экономическую инициативу (Adie). Сегодня Adie является лидером в Западной Европе.

В 2010 году Adie и BNP Paribas Fortis, бельгийский филиал группы BNP и первый банк в Бельгии, совместно создали программу microStart SCRL-FS. Пилотная программа была разработана с целью предоставления инновационного ответа предпринимателям Брюсселя.

В ассоциации "МикроСтарт", которая действует в Сен-Жиль и Шаербеке (два муниципалитета в регионе Брюсселя), работают 9 сотрудников и 50 добровольцев. На сегодняшний день ассоциация выдала 350 кредитов (с процентом возврата 95%).

Видение и миссия "МикроСтарт" ориентированы на членов и бенефициаров организации:

- **Видение:** предоставить тем, кто был исключен из традиционной банковской системы, доступ к кредитам и поддержать создание и развитие предпринимательских идей.

- **Миссия:**

  - финансирование микропредпринимателей, которые исключены из традиционной банковской системы и хотят создать или развить независимую деятельность;

  - поддерживать микропредпринимателей до, во время и после создания их бизнеса для обеспечения устойчивости;

  - способствовать улучшению институциональной среды микрокредитования и предпринимательства.

Сбалансированная система показателей микроСтарта

Для компании "МикроСтарт" сбалансированная система показателей является важным инструментом программирования и управления. Используемая ежедневно, она служит ориентиром при принятии важных решений. Кроме того, организация "МикроСтарт", разрабатывающая свою стратегию на долгосрочную перспективу, при определении своей Сбалансированной системы показателей в основном ориентируется на инновации и перспективы людей. Для того чтобы предоставить руководителям общее представление о бизнесе, "МикроСтарт" представляет свои миссии и ценности через многие показатели, включая перспективы клиентов, внутренние процессы и обучение. Естественно, как и все организации, "МикроСтарт" нуждается в постоянной оценке своей деятельности.

Общий анализ и перекрестный анализ четырех перспектив дает нам полную оценку бизнеса. Каждая перспектива имеет несколько стратегических целей, которые отражаются в деятельности. Эти мероприятия затем измеряются показателями, которые были выбраны во время различных заседаний исполнительного комитета.

- **Финансовая перспектива**. МикроСтарт обеспечивает эффективное управление затратами, предоставляя необходимые финансовые ресурсы для займов на поддержку новых предприятий.

  - <u>Цель</u>: обеспечение доступности финансовых ресурсов для кредитования

  - <u>Менеджер</u>: МикроСтарт SCRL-FS

  - <u>Используемые и внедренные индикаторы</u>: уровень погашения и портфель клиентов

- **Перспектива клиента.** МикроСтарт хочет увеличить количество клиентов, удовлетворить текущие потребности клиентов (кредитная линия, сроки погашения, удобство и соблюдение условий, коучинг и обучение) и улучшить экономическое, финансовое и социальное положение.

  - Задачи: увеличить количество клиентов, удовлетворить их ожидания, провести обучение

  - Менеджер: МикроСтарт SCRL-FS

  - Используемые и внедряемые показатели: текущее количество клиентов, лояльность клиентов, количество жалоб, количество новых клиентов, приобретенных из уст в уста, количество обученных клиентов и т.д.

- **Перспектива внутренних процессов.** Наиболее важными аспектами для организации в данном случае являются контроль управления, социальная ответственность и однородный переход между microStart SCRL-FS и microStart как некоммерческой организацией.

  - Задачи: управление и социальная ответственность

  - Менеджер: МикроСтарт SCRL-FS

  - Используемые и внедренные показатели: количество членов, прошедших обучение в Генеральной Ассамблее

- **Перспектива обучения и инноваций.** microStart уделяет особое внимание обучению своих сотрудников с целью повышения их мотивации и развития корпоративной

культуры, соответствующей стратегической цели некоммерческой организации.

- ○ <u>Цели</u>: мотивация, разнообразие персонала, тренинги

- ○ <u>Руководитель</u>: microStart SCRL-FS и некоммерческая
  организация.

- ○ <u>Используемые и внедренные показатели</u>: текучесть
  кадров, анализ удовлетворенности сотрудников, количество часов, отработанных сотрудниками-волонте-
  рами.

РЕЗЮМЕ

- Сбалансированная система показателей – это инструмент стратегии и управления, созданный в 1992 году Дэвидом П. Нортоном и Робертом С. Капланом.

- BSC – это новый метод оценки эффективности и совершенствования управления бизнесом.

- Этот инновационный подход дает руководителям комплексное представление о бизнесе, поскольку он фокусируется на финансовых результатах, клиентах, внутренних процессах и концепции обучения в компании. Перекрестное рассмотрение четырех перспектив означает, что заинтересованные стороны знают обо всех характеристиках компании и ни один аспект не остается без внимания.

- Все перспективы связаны причинно-следственной связью, а конечные результаты рассчитываются на основе пользовательских показателей, которые отражают факты в цифрах.

- Сбалансированная система показателей используется в качестве долгосрочной системы стратегического управления.

- Некоторые экономисты подчеркивают ограничения модели: некоторые заинтересованные стороны будут проигнорированы, причинно-следственная связь отсутствует, а внешняя среда не интегрирована.

ДАЛЬНЕЙШЕЕ ЧТЕНИЕ

БИБЛИОГРАФИЯ

Аккерманс, Х. и ван Ооршот, К. (2005) Релевантность предполагается: Тематическое исследование разработки сбалансированной системы показателей с использованием системной динамики. *Журнал Общества операционных исследований*. 56(8). pp. 931-941.

Де Вишер, А., Робберехтс, М. и Шийрамбере, Дж. (2013) Ключевые показатели эффективности для анализа социальной эффективности и воздействия микроСтарт. *микроСтарт*.

Guillot, L. (Без даты) *Сбалансированная система показателей*. [Online]. [Accessed 16 June 2014]. Доступно по адресу: < http://lionelguillot.typepad.com/scmblog/files/rapport_bsc.pdf>.

Каплан, Р. С. и Нортон, Д. П. (1996) *Сбалансированная система показателей: Translating Strategy Into Action*. Бостон: Гарвардская школа бизнеса.

Kaplan, R. S. and Norton, D. P. (1998) *Le Tableau de bord prospectif. Pilotage stratégique : les 4 axes du succès*. Париж: éditions d'Organisation.

Ольве, Н-Г., Петри, К-Ж., Рой, Дж. и Рой, С. (2003) *Making Scorecards Actionable: Баланс между стратегией и контролем*. Чинчестер: Wiley.

Ричмонд, Б. (1994) Системная динамика/системное мышление. Let's Just Get On With It. *System Dynamics Review.* 10(2-3).

Тончиа, С. и Квагини, Л. (2010) *Измерение эффективности. Связь сбалансированной системы показателей с бизнес-аналитикой.* Берлин: Springer.

Мы хотим услышать от вас!
Оставьте комментарий о вашей онлайн-библиотеке
и поделитесь своими любимыми книгами в социальных сетях!

IMPROVE YOUR GENERAL KNOWLEDGE

IN THE BLINK OF AN EYE!

Мастер ISBN: 9782808601443

Бумажный ISBN: 9782808602891

Легальный депозит: D/2022/12603/290

Цифровое оформление: Primento,
цифровой партнер издателей.